UN MOT

SUR LA

SITUATION POLITIQUE.

Le Fran

Plus de restauration, plus de révolution ;
Une République modérée, bienfaisante, organisatrice de l'instruction, du travail et du crédit.

Le 22 février, Paris monarchique s'insurge contre ses ministres. Le 23, la lutte grandissant et montant avec le flot du peuple, il entre en pleine révolution et déploie toutes ses milices. Le 24, il s'endort républicain, au milieu des feux de joie de sa victoire.

Par quel coup de tonnerre la France a-t-elle été jetée dans cette phase inattendue de son existence politique?

Le 22 février, un roi puissant, habile entre tous, fort de son expérience de dix-sept années, et d'une obéissance conquise par un vaste système de lois, soutenu d'une renommée de sagesse dans le conseil des souverains, reposait sur son trône, au milieu d'une garde de soixante mille hommes, sous les abris formidables d'une enceinte de citadelles. Entre les rangs de ces soldats, les mieux disciplinés qui furent jamais, frémissait un peuple sans armes; et devant ce roi se tenait inaperçue la République, — la République, qui n'était point encore ce jour-là une crainte sérieuse pour ses ennemis, qui n'était pas même une espérance prochaine pour ses amis, et que ses fils les plus résolus regardaient seuls

qu ... situa-
...it venue malen... ...ent se heurter con-
...s, la République élève son drapeau au-dessus de tous les partis réunis pour la défense de la liberté menacée ; elle gagne de vitesse, dans cette lutte rapide, tous les amis du progrès, dépassés par leur victoire, et, se trouvant seule à la hauteur de son triomphe, elle monte sur les débris du trône, aux acclamations de la capitale.

Onze hommes étrangers au pouvoir, à toute élection régulière, sans aucune garde payée pour les défendre, vont s'asseoir, seuls, à l'Hôtel-de-Ville, au nom du peuple français; et le peuple, vainqueur de tant de puissances, sans autre frein, dans son triomphe, que la force de sa raison, abaisse ses faisceaux armés de haches devant ses nouveaux consuls. Une députation sortie de la mêlée se rend, en armes, au siége du nouveau Gouvernement, pour imposer à toute la France un Gouvernement définitif; l'un des onze hommes parle, et la députation persuadée se soumet à la volonté ultérieure de la France, reconnue maîtresse de choisir librement sa destinée. Les derniers héros des barricades reviennent à l'Hôtel-de-Ville pour y arborer le drapeau de la Terreur; et, à la voix de l'un des onze hommes, les héros des barricades crient d'eux-mêmes : Vive le drapeau qui a fait le tour du monde, avec la gloire et la liberté de la France!

A ce Gouvernement improvisé par la fermeté et le dévoûment de quelques hommes, qui avaient aperçu du premier coup-d'œil toute la situation, se rallient en foule les gens de bien. Amis et ennemis, tous se rencontrent dans le même amour de la liberté, tous sentent qu'ils viennent de naître à une meilleure vie. Le cri de la situation est : Vive la République! A ce cri, parti spontanément du fond de ses entrailles, Paris tressaille, comme une mère dans les douleurs de l'enfantement qui entend le premier cri de son nouveau-né.

Pendant que cet événement remplissait la capitale, la province, attardée, attendait avec angoisse l'effet d'une tempête dont le premier souffle était venu l'agiter. Elle écoutait tous les bruits; elle entendait les nouvelles, sans en croire ses oreilles. Lorsque le télégraphe du 25 février annonça la formation d'un Gouvernement provisoire, et bientôt la proclamation de la République, la conscience publique, étonnée, reçut cette nouvelle avec une anxiété où se mêlaient la joie, le doute, la crainte et l'espérance. Plusieurs étaient mûrs, sans le savoir, pour l'avenir nouveau qui s'ouvrait devant la France. Plusieurs aimaient la liberté sincère; mais ils ajournaient dans leur cœur l'effet de leurs vœux pour des jours qu'ils croyaient encore bien éloignés. La joie est venue les surprendre dans leur sommeil, comme le cri de la patrie réveille en sursaut l'exilé qui s'était endormi sur une terre étrangère. D'autres hommes, dont les intérêts, les espérances et les habitudes étaient rivés à la monarchie, ont été plongés dans la stupeur, croyant rêver quand ils veillaient, ne se fiant plus à leurs yeux qui leur montraient la cime des objets renversée, comme par un mirage. Plusieurs autres, n'ayant ni l'initiative du regret, ni celle de l'espérance, suivent la foule des adorateurs au temple du dieu nouveau. Cependant, au milieu de ces impressions diverses, un même sentiment rallie tous les partis. Tout le monde sent le besoin de la sécurité. Personne n'hésite à reconnaître que le Gouvernement provisoire, qui vient de proclamer la République, est seul en mesure de maintenir l'ordre et la paix dans les graves conjonctures où nous sommes placés.

Ce n'est pas une question sérieuse que celle de savoir s'il faut ou non s'attacher à la République, en tant que provisoirement proclamée. Tous les bons esprits, tous les citoyens amis de l'ordre l'ont résolue, dès le premier jour, par le concours qu'ils ont loyalement prêté au Gouvernement provisoire, et par leur dévoûment à la France sous la forme politique dont elle est actuellement revêtue. Mais la véritable question, la seule qui mérite d'être examinée, celle qui appelle les méditations de tous les hommes animés d'intentions patriotiques, c'est la question de l'avenir de la République et du parti qu'il convient de prendre définitivement à son égard, dans les élections prochaines. Les conjonctures suprêmes où nous sommes réclament la pratique de cette maxime des sages de l'antiquité, que dans les troubles civils tout citoyen doit prendre une part active aux événements, et proclamer hautement son opinion, afin que la vérité se fasse jour, et que toutes les situations soient franchement, nettement et fermement tracées.

Apprécier l'avenir de la République en France, c'est déterminer quelles sont, à partir de ce jour, les véritables conditions de l'ordre public et de la liberté pour notre patrie. Existe-t-il actuellement, pour la France, telle que les révolutions l'ont faite; après les trois expériences de restaurations monarchiques tentées sans succès depuis cinquante ans; après l'impuissance de la gloire pour reconstruire un trône avec le bronze des ennemis, sous l'Empire; après les efforts infructueux du droit divin, sous les Bourbons de la branche aînée, pour unir les éléments de la vieille société avec les éléments de la société nouvelle; après que l'esprit de la vieille diplomatie, avec toutes ses finesses, vient de succomber dans l'épreuve d'une transaction habilement ménagée entre la monarchie et la démocratie, sous Louis-Philippe; peut-il exister, en dehors de la République sincèrement proclamée, sincèrement acceptée, une forme de gouvernement qui satisfasse aux deux besoins les plus universellement sentis de la société actuelle, la liberté dans l'ordre, et l'ordre dans la liberté ?

Dans le dernier parlement qui vient d'être écrasé sous le poids de la situation, quatre politiques étaient en présence. Aux deux limites extrêmes étaient la politique restrictive et monarchique qui succombe en ce moment, et la politique expansive et démocratique que la révolution vient d'inaugurer.

La politique restrictive repose sur cette supposition, que, dans une société monarchique, la majorité des citoyens est incapable de juger sainement des affaires générales du pays, et de choisir avec discernement ceux qui doivent la gouverner. Une petite minorité est seule en position de s'intéresser à la chose publique, et de bien connaître les intérêts de la nation; de telle sorte que l'Etat, tout institué qu'il est pour l'universalité des citoyens, ne doit néanmoins sortir que du sein de cette minorité privilégiée. Dans cette supposition, étendre l'intervention des citoyens dans le gouvernement au-delà des limites naturelles, c'est augmenter leurs devoirs, sans leur fournir les moyens de les remplir; c'est ajouter à leurs prétentions, sans ajouter à leurs mérites; c'est tendre des piége à leur orgueil; c'est exagérer le peuple sans l'agrandir, c'est lui ravir son repos sans lui donner en échange la liberté. D'ailleurs, supposer que le peuple est assez éclairé et assez vertueux pour bien discerner et faire triompher ses intérêts généraux, et, dans un tel état de la conscience publique, proclamer la nécessité d'un roi, c'est faire assister la monarchie avec toutes ses pompes au gouvernement du peuple par le peuple lui-même; c'est offrir aux hommages des citoyens un roi de théâtre, et leur faire payer par d'énormes sacrifices une comédie indigne de leur raison et de leur vertu.

Contrairement à la politique restrictive et monarchique, la politique démocratique et expansive s'appuie sur ce principe, que le peuple peut légitimement prétendre à tous les droits résultant des devoirs qu'il sait pratiquer. De même que le devoir est le fondement du droit, de même le droit est la conséquence nécessaire du devoir. Le peuple comprend et accepte avec résignation la grande loi du travail, quelque rudes que soient pour lui les conditions dans lesquelles il l'accomplit. C'est l'obéissance à cette loi universelle de l'humanité qui confère les vrais mérites et les distinctions naturelles entre les hommes. Puisque le peuple a supporté jusqu'à ce jour avec courage les sacrifices les plus rebutants que le travail impose, il s'est donné à lui-même, par sa vertu, le droit d'intervenir dans l'organisation du travail social; non pas pour en supprimer la nécessité, ou pour rejeter sur d'autres le poids le plus lourd, mais pour alléger la charge de tous, en distribuant, selon les lois d'une harmonie intelligente, les rôles et les fonctions que tous les travailleurs doivent remplir dans l'œuvre immense de la richesse nationale. Le peuple aujourd'hui comprend, mieux que plusieurs savants, que tout travailleur de bonne volonté a droit aux bénéfices du crédit qui alimente son travail; que le crédit n'est pas possible sans la confiance, et que le seul moyen de la faire naître est de substituer à l'isolement des travailleurs l'association qui les rend solidaires.

Le peuple n'apprécie pas seulement les véritables conditions de l'ordre public à l'intérieur; il juge aussi, par un instinct plus sûr que la raison vieillie des hommes d'État, où est la vraie dignité, la mission vraiment utile de la France, les solides garanties de la paix du monde dans la politique internationale ; il est capable d'intervenir directement dans les affaires publiques, si élevées, si grandes qu'elles puissent être. C'est contre toute connaissance des faits qu'on prétendrait le retenir plus longtemps sous la tutelle d'un roi. Quel non-sens n'y aurait-il pas, à plus forte raison, à placer un peuple majeur sous la tutelle d'un roi mineur ! Croire que le peuple qui a fait les révolutions de 1789, de 1830 et du 24 février a besoin, pour être maintenu dans le devoir, de penser qu'il existe, sous les lambris des Tuileries, un petit roi vagissant dans son berceau, c'est croire qu'un peuple héroïque en est encore à trembler aux contes des géants d'autrefois, et qu'il n'osera soutenir la vue de leur palais, quand il en a fouillé tant de fois par ses armes toutes les retraites et tous les recoins.

Entre les deux politiques que nous venons d'esquisser et qui se dessinent si nettement, la première par sa défiance, la seconde par sa foi dans la raison et la conscience du peuple, il existe deux politiques de transition, que leur caactère mixte rapproche de l'une ou l'autre des deux premières.

La politique de transition qui confine à la politique monarchique-restrictive se fait immédiatement reconnaître à sa timidité dans le progrès. Elle voudrait marcher, mais elle désirerait que ce fût en avant et en arrière à la fois. Elle voudrait être claire dans son langage, mais elle désirerait que sa parole exprimât le oui et le non sur le même point. Elle est essentiellement la politique des contre-sens et des équivoques. Son instinct la porte à reculer les limites qui resserrent les rangs de la minorité du peuple, à laquelle seule les droits politiques sont dévolus ; mais, quand elle est mise en demeure d'opérer ce déplacement, sa raison irrésolue, flottant entre les avantages et les inconvénients de chaque chose, ne réalise le progrès qu'avec des réserves qui le rendent illusoire. Au fond, les résultats qu'elle donne sont ceux de la politique purement restrictive. La seule chose qui lui soit propre, c'est l'art de donner à chaque cause la couleur qu'elle veut, de violer ses engagements les plus solennels en paraissant les remplir, de semer le découragement autour d'elle, de détruire la foi politique et de démoraliser la nation.

La seconde politique de transition diffère de la première, en ce qu'elle croit sincèrement que la majorité du peuple est mûre pour la liberté. Elle réclame énergiquement pour lui la plénitude de ses droits ; mais elle veut que la monarchie assiste à son émancipation politique. Elle considère le roi et le peuple comme les deux éléments intégrants de la société française, non seulement pour le passé et pour le présent, mais encore pour l'avenir. En déclarant le peuple capable de se gouverner lui-même, en proclamant sa majorité politique, elle l'introduit dans le temple de la République, et elle écrit sur le frontispice du temple le nom de la royauté. Elle pense que la majesté des souvenirs protége la majesté des espérances; que la grandeur, la durée, la sainteté de la royauté, se transmettent à la liberté revêtue de formes monarchiques, et qu'un roi qui préside à une société démocratique, lui assure une suite de générations libres, égale à la longue chaîne de ses nobles aïeux.

Telles sont les politiques, tels sont les partis qui divisent la situation. C'est cette situation que nous devons juger nettement, sans le dénigrement du regret, comme sans l'illusion de l'espérance, sous peine de nous jeter dans les plus grands périls. L'erreur irréparable dans les révolutions, c'est l'idée fausse que l'on se fait des conjonctures où l'on se trouve, et de la portée réelle des partis que l'on épouse ou que l'on combat.

L'exposé succinct que nous venons de faire des quatre systèmes qui ont divisé l'ancien parlement, la presse, l'opinion publique, le pays tout entier, nous permet de nous prononcer sans peine sur la valeur de chacun d'eux.

La politique monarchique-restrictive n'est plus possible. Elle pouvait séduire les esprits logiques imbus des principes de la monarchie; elle le pouvait, avant l'épreuve de la révolution à laquelle nous venons d'assister. Mais aujourd'hui, il n'y a que des aveugles qui la croient capable de maintenir le peuple par la force ou par l'autorité de la persuasion. Quand bien même il arriverait, par un revirement miraculeux de la fortune, que le pouvoir un jour lui fût rendu, le pouvoir ne serait plus entre ses mains qu'un instrument brisé sans retour. Le peuple a une conscience victorieuse de ce qu'il peut contre elle. Il ne pourrait pas prendre au sérieux son obéissance à une autorité qu'il vient de balayer comme de la poussière.

D'ailleurs, les hommes de la politique restrictive croient la majorité du peuple incapable et indigne d'exercer des droits politiques. Le peuple a une tout autre idée de lui-même; il croit à son bon sens et à sa vertu. Vainement les vaincus de février regarderaient cette foi du peuple en lui-même comme une illusion de l'orgueil, comme un enivrement de la victoire, cette foi existe. Le fait seul que le peuple s'accepte comme capable de se gouverner lui-même, frappe d'impuissance toute politique fondée sur la défiance envers lui. C'est une loi générale dans les révolutions, que les hommes sont pris pour ce qu'ils se donnent, et qu'on les mesure à l'estime qu'ils font d'eux-mêmes. Un système qui rabattrait de la conscience politique du peuple toute la part de la majorité, et qui viendrait lui dire : « Renoncez à vos prétentions, reconnaissez votre incapacité politique et la » nécessité de confier vos propres affaires à un petit nombre d'hommes, » seuls compétents pour les diriger, » un tel système serait une injure gratuite au peuple et une monstrueuse extravagance.

A l'avenir, l'ancienne politique restrictive, loin d'être, comme on l'a cru longtemps, une condition d'ordre et un moyen de conservation, serait la plus subversive et la plus révolutionnaire de toutes les politiques. Elle tiendrait le peuple dans un état constant de colère et d'insurrection. La crainte seule de la voir renaître rendrait impossibles le retour du calme, la conciliation des intérêts, la concorde entre les citoyens.

Que les anciens conservateurs y prennent garde. L'avenir de la France dépend, pour une grande part, de la ligne de conduite qu'ils vont suivre aux élections prochaines. Quoiqu'ils ne soient pas assez forts pour faire rétrograder la révolution jusqu'à leur passé politique et pour imposer à la France la révolution de leurs vœux rétrospectifs, néanmoins il dépend d'eux, s'ils ne savent pas juger sainement la situation, ou s'ils refusent de se modifier profondément, il dépend d'eux d'introduire dans la représentation nationale des éléments de réaction, de restauration impuissante, de discorde, qui viendraient se heurter violemment contre les éléments franchement républicains qu'enverront dans la capitale les hommes de progrès, qui ne comprennent plus l'ordre que dans la liberté et sous la consécration d'une autorité pleine de force et de jeunesse, supérieure à toutes les vieilles monarchies. Les conservateurs de 1848 pourraient même, à l'exemple des faux conservateurs de 1792, devenir les promoteurs du mal qu'ils redoutent le plus, et, à force de résister au seul gouvernement qui soit possible, ils pourraient tendre outre mesure les ressorts du pouvoir, et le pousser à la terreur, comme à la seule planche de salut pour la liberté.

Mais si les amis de l'ordre en comprennent bien les lois véritables; s'ils déterminent avec sagesse les conditions gouvernementales et sociales sans lesquelles l'ordre ne peut plus exister, ils écriront une belle page dans l'histoire de la liberté au XIXe siècle. Ils combleront de profonds abîmes où des passions mauvaises pourraient encore nous précipiter. Ils rendront impossible le retour des mauvais jours qu'a vus le premier réveil de la liberté parmi nous. En se ralliant avec sincérité au drapeau de l'avenir, ils entreraient dans la situation, pour faire porter à l'ordre nouveau qui se fonde dans l'esprit du peuple tous les fruits de la liberté. Ils fermeraient ainsi glorieusement le cercle des oppositions violentes de l'ordre et de la liberté. Leur devise serait : Plus de restauration, plus de révolution! Ils inaugureraient le règne solide de la confiance au sein de la République. Au lieu de se laisser traîner à la remorque par les classes ouvrières et d'attendre que celles-ci viennent lui tendre la main spontanément, ils prendraient l'initiative de la confiance envers le peuple. La confiance prouve la force de celui qui en est capable. La défiance prouve la faiblesse de l'âme où elle a pénétré. Dans la situation solennelle où nous sommes, ce sont les forts, les puissants, les hommes vraiment supérieurs qui donneront aux autres l'exemple de se confier.

Que les amis de l'ordre témoignent donc de la confiance au peuple, afin de lui inspirer par réciprocité une juste confiance en eux-mêmes. Qu'ils sachent organiser et féconder les éléments de crédit dont ils disposent, au lieu d'enfermer stérilement dans un coffre avare leur or, avec la vie et le salaire des pauvres, pour avoir à le garder ensuite contre la faim et le désespoir de tout un peuple déchaîné contre eux; qu'ils consentent à être, pour leur propre bien, les instruments de la multiplication des pains de la Providence; qu'ils versent dans le champ du travail national, comme une rosée bienfaisante, les bénédictions de leurs capitaux. La moisson sera pour eux comme pour le peuple.

Les deux politiques de transition, placées entre la politique monarchique-restrictive et la politique expansive et démocratique, sont-elles placées dans les conditions actuellement possibles de l'ordre et de la liberté? Ont-elles des chances de se faire accepter du peuple? Lui inspirent-elles assez de confiance, pour qu'il se laisse conduire par elles dans les voies de l'avenir, de la paix et de tous les progrès sociaux?

La révolution qui vient de s'accomplir a résolu cette question. Aussitôt que le peuple s'est débarrassé des entraves qui gênaient sa marche, il a passé, de plain-pied, du système restrictif à la démocratie, sans même apercevoir sur sa route les hommes de transition, qui l'attendaient avec leur politique de compromis. Or, dans les révolutions, tout parti dépassé est un parti annulé. Nul homme ne peut prétendre à contenir le peuple, s'il n'est à la hauteur de la situation, s'il n'a su se rendre maître des événements, s'il n'est prêt à organiser sa victoire. Bien loin que les hommes de transition aient tout préparé, tout conduit, tout dominé, ils tâtonnent, ils hésitent, ils chancellent, ils sont plus embarrassés d'eux-mêmes que de leurs ennemis, ils sont plus troublés de leur victoire qu'ils ne l'auraient été d'une défaite. De tels hommes ne peuvent conduire le peuple, ils ne savent pas se conduire eux-mêmes.

Toutefois, il ne serait pas juste de confondre les deux systèmes intermédiaires et mixtes, quoiqu'ils aient eu le tort commun de l'irrésolution et de l'imprévoyance. L'un est un système de faux-semblants, d'à-peu-près, de demi-moyens et d'intrigue; il croit que la science du gouvernement est l'art d'amuser le peuple par de belles paroles, que les révolutions politiques sont les variantes d'un même chant, et que les notes de la politique restrictive, rendues par un instrument plus doux et plus flatteur, feront concert avec la voix du peuple de février, et les échos de cette voix dans toute l'Europe. Cette politique, transportée au sein de la représentation nationale, brouillerait toutes les situations, tromperait tous les partis, porterait par surprise des ennemis déguisés dans les bras les uns des autres, et substituerait le masque de la concorde à l'union des frères.

Grâce à Dieu, les racines de cette politique sont à jamais détruites dans le pays. Les destinées de la France, de l'humanité ne peuvent plus lui appartenir. Ce n'est pas qu'elle ne profite de la conjoncture, du besoin de repos qui succède à l'agitation, de la facilité avec laquelle le peuple confiant prend pour amie la main qu'on lui offre, et qu'elle ne se présente avec les plus séduisantes promesses, comme le remède aux maux présents, comme la réalisation des progrès les plus impatiemment attendus, comme la nécessité de la situation, parce qu'elle compte, dans son cœur, sur des trésors de ruse pour échapper à tous ses engagements. L'esprit public est trop clairvoyant pour se laisser prendre à de tels piéges; il a trop foi dans son avenir, pour prendre le pied de ces hommes comme la mesure du pas franchissable à la liberté. Il est trop honnête pour revêtir les livrés de l'intrigue et de la duplicité. Déjà la conscience du peuple a couvert ces hommes de son mépris comme de leur linceul éternel.

Le deuxième système de transition veut la démocratie complète sous la forme de la monarchie. Il reconnaît les droits de tous les citoyens; il proclame l'intervention de tout le peuple dans les affaires publiques; il aspire à constituer un ordre fécond en progrès de toute nature, une liberté sûre d'elle-même et calme dans son abondance! Mais cet ordre garant de la liberté, cette liberté fécondant l'ordre, il les met sous le patronage d'un roi.

Est-il dans la nature des choses, telles qu'elles résultent de la situation présente des sociétés, que le principe monarchique soit le tuteur du principe d'ordre et de liberté?

L'ordre et la liberté, c'est, dans la société moderne, la force et la puissance, et l'autorité que tout le monde respecte. Voilà cinquante ans qu'à travers des obstacles de toute nature, à travers les coalitions, les invasions, les réactions du despotisme, à travers ses propres erreurs, ses tâtonnements, ses impatiences, la liberté reparaît plus jeune, plus glorieuse, plus respectée, plus puissante que le premier jour. L'ordre n'a pas non plus perdu un seul de ses amis, depuis le commencement de ce siècle. Il a gagné à sa cause des adhérents nombreux, parmi ceux-là mêmes qui, d'abord, n'étaient accessibles qu'aux séductions brillantes de la liberté. La liberté et l'ordre, soutenus l'un par l'autre, grandissent chaque jour. Chaque jour, au contraire, la royauté perd du terrain dans l'opinion publique; elle est visiblement sur son déclin; ses gloires se flétrissent, ses prestiges s'effacent, les fleurs de sa couronne se dessèchent et tombent l'une sur l'autre au souffle des révolutions. Les illusions ne sont plus permises à son égard, les séductions ne sont plus possibles pour les esprits mêmes qu'elle tenait sous son charme.

Mettre l'ordre et la liberté, tels que les progrès du siècle les ont faits, sous le patronage de la royauté, c'est mettre la force, le progrès, l'avenir sous la protection du passé, de la réaction et de la faiblesse. On conçoit que le vainqueur couvre le vaincu de son manteau; il est dans l'ordre que le dieu qui triomphe place son symbole au sommet des temples que le dieu de la veille a désertés, afin de les garantir et de les conserver; mais ce qui serait contre nature, ce serait de voir le fort se placer sous l'égide du faible, et le dieu vaincu imposer son évangile au dieu vainqueur.

On dit que dans l'état actuel des sociétés l'ordre est fragile, menacé sans cesse, et qu'il a besoin d'un auxiliaire et de l'appui d'un bras puissant. Mais, en admettant que l'ordre fût sérieusement en péril, il faudrait lui assurer la protection d'un tuteur plus fort que lui. Il faudrait chercher, entre tous les éléments dont la société se compose, un principe de vie, d'avenir, capable de conjurer les révolutions, plus ferme que tous ses ennemis; non seulement assez solide pour résister aux attaques dont il serait l'objet, mais encore en état d'étendre sa force à autrui, et de prêter son concours, son crédit, son autorité à un principe moins vivace et moins bien assuré que lui-même. Or, est-il vrai que le principe de la monarchie, actuellement dans la société française, après toutes nos révolutions contemporaines, soit mieux assis, qu'il ait plus de racines dans le peuple, qu'il réponde à des besoins plus profondément, plus universellement sentis, que ne le fait le principe de l'ordre, tout seul et par sa propre autorité? Est-ce le principe monarchique qui a protégé l'ordre, qui l'a garanti des révolutions; ou est-ce le principe d'ordre qui a paralysé l'effet des révolutions, qui a suspendu l'anarchie et créé des intérêts à la monarchie placée sous sa sauvegarde?

Si l'ordre a été si fort compromis depuis plusieurs années, ne serait-ce pas parce qu'il avait à se faire accepter, non seulement pour lui-même, mais encore pour la clientèle monarchique qu'il s'était imposé le devoir de défendre? N'est-ce pas ce salaire payé chaque jour à la monarchie, aux dépens du peuple, dans le but de le comprimer; n'est-ce pas cet impôt de la défiance que l'ordre s'était chargé de percevoir par la force; n'est-ce pas le système de mesures répressives et onéreuses, conséquences nécessaires du maintien de la monarchie; n'est-ce pas tout cet échafaudage qui a épuisé ses forces et son crédit? Si l'ordre n'avait à répondre que de lui-même, s'il n'avait qu'à se faire accepter du peuple, sans mêler ses intérêts à des intérêts étrangers, sa tâche serait simple, sa nécessité facilement reconnue, et sa cause aurait promptement triomphé. Il suffit que l'ordre se montre tel qu'il est, comme la sauvegarde de la liberté, pour que tous les esprits se rallient à son étendard.

L'ordre est une partie intégrante de la liberté; il en est l'organisation, la vie, la fécondité. C'est à l'ordre, et à l'ordre seul, que la liberté doit de porter et de mûrir tous ses fruits. Pour tout homme sans illusion, sans prévention, sans égoïsme et sans calcul politique, vouloir sauvegarder l'ordre à venir de la société par la monarchie, c'est ruiner l'ordre sans fortifier la monarchie, c'est faire de l'Etat une révolution en permanence. Aujourd'hui, la République est dans les idées, dans les goûts, dans les esprits; il ne lui manquait que le nom. Les faits viennent de le lui donner. Ce nom est le seul vrai. Tout autre baptême serait un mensonge. Les institutions démocratiques qui vont donner consécration à cette grande révolution opérée dans les âmes, ne peuvent ni ne doivent affecter des formes adultères. Le peuple ne reconnaîtrait point les armes de sa noblesse dsns le blason de la royauté.

Entre la politique monarchique restrictive des droits et défiante envers le peuple et la politique démocratique, expansive, républicaine, qui se confie pleinement au bon sens et à l'honneur de tous les citoyens, il n'y a pas d'intermédiaire durable, possible. Tout essai que l'on voudrait tenter dans ce milieu mouvant, douteux, équivoque, serait marqué à la fois par des restaurations violentes et liberticides et par des secousses révolutionnaires. La révolution de février, en passant de plain-pied de la première de ces deux politiques à la seconde, a suivi la logique naturelle; elle a mis à nu l'impuissance aussi bien que le peu de portée des hommes qui plaçaient les destinées de la France entre le système de Louis-Philippe et la République. Il n'était pas d'observateur, si peu expérimenté qu'il fût, qui ne vît que l'agitation soulevée par les partis de la transition n'eût naturellement pour effet la ruine de la monarchie elle-même. Croire, d'une part, que le peuple est capable de discuter en public, avec calme et dignité, les plus hautes affaires, et, d'une autre part, croire qu'il ne peut se passer d'une royale tutelle et de toutes les pompes monarchiques, c'est croire, ou que l'homme jouissant de la plénitude de sa force et de sa raison est encore mineur, ou que l'âge viril se plaît aux mêmes hochets que l'enfance.

Aussi, quand une fois le peuple a eu renversé la politique restrictive de ses droits, il a vu d'un coup d'œil toute sa situation, et tous les efforts des partis intermédiaires ont été vains pour le retenir dans les liens monarchiques. Il ne s'est pas même douté de l'existence de leurs efforts; il n'a pas pris garde qu'il y eût, sur sa route vers la démocratie, des hommes de transition qui pussent lui servir de guides. Quand ces hommes, comptant sur l'héritage du pouvoir, sont venus s'asseoir au banquet de la réforme, avec les illusions de leur adolescence politique, et mêler leur juvénile ardeur aux libations de l'âge mur, ils n'ont pas connu la force du vin qu'ils buvaient à la liberté. Ils ont cru, dans leur ivresse, se battre contre des ministres, et quand la connaissance leur est revenue, c'étaient les débris du trône qui étaient sous leurs pieds, et devant leur face le géant populaire portant sa tête jusqu'aux cieux.

Il n'y a donc plus qu'un gouvernement de possible en France, c'est la démocratie pure, sans voile, sans image, sans symbole; c'est la République en esprit et en vérité, sous le nom que le peuple lui a donné le jour de son baptême.

Il existe trois manières d'adhérer à la République. La première est hypocrite et intéressée. Elle court à la curée des places, dans l'espoir de payer la dette de la reconnaissance à la liberté, en l'étouffant dans ses embrassements perfides. Une telle adhésion ne mérite pas la discussion, mais elle doit pourtant être surveillée avec soin par le pouvoir, et elle doit être l'objet de l'attention des honnêtes gens, afin qu'elle soit démasquée, et qu'elle reçoive d'eux, au lieu des fonctions qu'elle convoite, le salaire du mépris public.

Le second hommage rendu à la République est inspiré par un pessimisme faux et injurieux au bon sens de la nation. C'est un hommage qui vient d'hommes sincères avec leur conscience, mais trompés sur les hommes et la situation, et qui, ne voyant plus de retour possible à la monarchie, font trève à leurs regrets inutiles et se résignent à la République, allant vers l'avenir le visage détourné vers le passé. La République doit ménager ces hommes. Elle doit les éclairer, les encourager, les fortifier dans la nouvelle voie où ils consentent à se laisser conduire. Elle leur doit ce respect plein d'égards auquel donnent droit la souffrance morale et la sincérité.

La troisième manière d'accepter les institutions républicaines consiste à se rendre un compte raisonné de l'état des esprits, à pénétrer au fond des intérêts, non seulement de ceux dont on a tenu compte jusqu'ici, mais encore de tous ceux que la monarchie avait négligés, et qui viennent occuper leur place légitime après tant de siècles d'injuste exclusion. Elle consiste à comprendre, non pas quelles étaient les conditions de l'ordre pour nos pères, mais quelles sont pour nous-mêmes les lois dont dépendent aujourd'hui l'ordre et la liberté que nous avons le devoir de fonder et de développer. Elle consiste à juger le peuple tel qu'il est, à faire la part de l'oubli dans lequel on a laissé plusieurs parties essentielles de son éducation morale et politique, à reconnaître l'urgence du remède à un tel mal, à croire à toute sa droiture, à sa bonne volonté, à son amour du travail; à se persuader profondément que la confiance généreusement témoignée aux anciennes classes déshéritées de leurs droits, aura pour effet certain de les élever à la hauteur de leurs devoirs. Le véritable hommage rendu à la République n'est pas de flatter le peuple, en lui prêtant des vertus et des lumières au-delà de la mesure réelle, mais à être juste envers la nature humaine, à honorer Dieu dans son image, à croire fermement que les hommes ne sont ni brutes ni méchants, que les populations laborieuses sont toutes capables d'acquérir par la réflexion cette éducation intellectuelle et morale à laquelle jusqu'ici leurs bons instincts ont suppléé. Le bon citoyen doit diriger tous ses efforts dans ce but. Son devoir envers l'Etat est de s'unir à lui pour l'aider à répandre dans le peuple la science pratique des devoirs et des droits qui découlent de la nature sociable de l'homme.

La condition de l'ordre et de la liberté, dans une République, est, avant tout, la modération; non pas cette modération timide qui amoindrit l'homme par peur de sa force, qui restreint le droit pour ne pas trop s'engager envers la justice, et l'arrête en toutes choses en deçà du but; mais cette modération puissante, fondée sur la foi dans la nature humaine; cette modération qui accepte le peuple tout entier, parce qu'elle sait le diriger; qui n'a pas besoin de dépasser le but pour être sûre de l'atteindre; qui agrandit tout, en tenant compte de tout ; qui se place au point de vue d'autrui comme à son propre point de vue, et apprécie les hommes, les intérêts et les idées d'après les principes d'une solidarité générale.

Le peuple est une grande famille de frères unis dans leurs travaux et dont Dieu est le père commun. Cette famille est sainte dans son chef et dans ses membres. Elle est unie par la loi du travail imposée à toutes les créatures. L'accomplissement volontaire de la loi du travail donne naissance à un mérite naturel, sur lequel se fonde le droit de propriété. La propriété est la sanction de la loi du travail. Le travail librement accepté et méritoirement accompli, comme une tâche commune que le père de famille distribue entre tous ses enfants, sanctifie tous les hommes.

La grande famille des travailleurs comprend tous les ouvriers de l'agriculture, de l'industrie et du commerce, qui gagnent par le travail de chaquejour le pain de chaque jour. Ces courageux athlètes de l'humanité, toujours prêts à lutter contre la nature, et à conquérir un nouvel empire de l'esprit sur la matière, forment l'église militante dans cette communion universelle des travailleurs. Les vieillards, les infirmes, les pauvres sans travail, réduits à l'impuissance de pourvoir à leurs besoins, et qui n'ont jamais pu retrancher de leur pain de la semaine un morceau pour les mauvais jours, en sont l'église souffrante, comme les capitalistes de tous les ordres en sont l'église triomphante.

L'effet d'une République bien entendue doit être de resserrer les liens entre tous les membres du corps social. Elle ne dépouille pas ceux qui ont déjà en faveur de ceux qui n'ont point encore. Une telle spoliation ne donnerait que bien peu à un très-petit nombre d'hommes, et elle ôterait à tous ce qui fait la vie d'une société de travailleurs. En détruisant le principe de la propriété, elle ravirait à tout le monde le mérite que confère le travail librement exécuté. La République se doit à tous, aux pauvres comme aux riches, aux riches comme aux pauvres. La même loi du travail, le même mérite qui naît de son accomplissement, tient droite entre tous la balance où se pèsent tous les intérêts des uns et des autres. La République doit aux riches de faire fructifier leurs capitaux par le travail de tous ceux qui veulent mériter la fortune. Elle doit aux pauvres d'employer et d'organiser toutes les forces que Dieu leur a départies; elle leur doit d'éveiller, de développer, de féconder, par l'harmonie, cette variété d'aptitudes et d'industries, cette richesse de caractères, cette force et cette suite de volonté, ces élans de passions généreuses, ces trésors de dévoûment, cette agilité, cette souplesse, cette vigueur de muscles que les corps savent déployer sous la direction de l'intelligence, quand une pensée de solidarité porte sur un même point tous les efforts réunis.

L'Etat peut seul placer les capitalistes et les travailleurs dans leurs véritables rapports les uns à l'égard des autres. Le travail dépend de deux conditions, de deux sortes de capitaux bien distincts. L'une, toute matérielle et limitée par sa nature, ne peut s'étendre au-delà de la richesse actuellement acquise. Elle comprend les moyens de subsistance pour les travailleurs et les instruments qu'ils emploient pendant la durée de leur travail. L'autre sorte de capital, toute morale, toute de confiance, est illimitée en elle-même, et n'a d'autre mesure que la garantie d'intelligence et de moralité fournie par les travailleurs. La première dépend exclusivement de l'épargne, elle est au pouvoir des riches, détenteurs de l'or et de l'argent. Ils peuvent la resserrer ou la livrer, comme il leur plaît. Mais la seconde est immatérielle. C'est le cœur de l'homme, c'est sa pensée, c'est sa volonté qui la gardent comme la partie la plus précieuse, la plus large de la fortune du peuple. Ce dernier capital peut et doit venir en aide à tout travailleur doué d'intelligence et de bonne volonté. Il appelle à lui tous les bras, tous les talents, toutes les forces productives de la richesse, comme l'aimant appelle le fer. On ne peut le confondre avec le capital de l'or et de l'argent, qu'en matérialisant la société. Celui-ci lui sert de point de départ ; jusqu'ici même il lui a servi de point d'appui, presque exclusivement à tout autre. Les limites de l'un et de l'autre ne sont point les mêmes. L'or et l'argent n'augmentent ni ne diminuent point selon les puissances du travail, du progrès et de la liberté humaine. Ils sont fixes, immobiles. Et cependant la faculté de travailler, partout où elle existe, partout où elle offre des chances réelles de succès, doit être employée, favorisée par un capital actif, et satisfaite dans sa plénitude. Il y a donc, au-delà de l'or et de l'argent et de la richesse matérielle et fixe, une richesse immatérielle, une fortune expansive dont les limites se réunissent ou se resserrent à volonté, et atteignent, selon les temps, les lieux, les personnes, les situations, les progrès, aux limites extrêmes des forces productives de la richesse.

Le sort des travailleurs pauvres ne peut ni ne doit rester plus longtemps à la merci des peurs et de la méfiance des propriétaires inintelligents du capital monnayé. Ceux-ci n'accordent trop souvent leur confiance qu'aux hommes qui, comme eux-mêmes, possèdent déjà une fortune matérielle correspondante à leur or. La richesse acquise dans le passé, au lieu de se tourner vers le travail comme vers la richesse de l'avenir, laisse en dehors de son mouvement les éléments actifs de la fortune publique, le travail et le talent ; elle se replie sur elle-même et tourne dans un cercle vicieux.

La majorité des travailleurs, n'ayant pas d'or pour garantir un emprunt, ne pouvait obtenir un capital sans lequel ses forces et son intelligence restaient inoccupés ; il s'ensuivait une immense misère dans la société, l'affaissement du peuple sur lui-même, faute d'emploi pour ses facultés :

de là un bouillonnement continuel des esprits, et ces volcans populaires dont le révolutions étaient les cratères toujours fumants.

Que tous les citoyens, riches ou pauvres, comprennent enfin quelle est, aujourd'hui, la condition dont dépend l'ordre moral et matériel. Cette condition est l'accomplissement universelle de la loi du travail. Le travail ne peut être universellement exécuté, s'il reste dans la société des forces inactives et des facultés sans objet. L'accomplissement universel de la loi du travail dépend de l'organisation générale du crédit. Le crédit qui se prête à développer le travail social dans toute son étendue n'est point exclusivement le capital de l'or, toujours craintif, toujours méfiant, toujours resserré dans son coffre-fort ; mais c'est le crédit fondé sur la nature morale de l'homme, qui prend l'épargne pour point de départ, et qui, sans rien perdre de sa sécurité et de sa solidité, s'étend généreusement sur tous les travailleurs, comme une semence sur une terre bien préparée. Toutes les fois que les hommes se présentent avec le talent et la volonté nécessaires pour exécuter avec fruit un certain travail utile et produire une certaine richesse, le crédit doit aller les visiter. S'il ne le fait pas, c'est qu'il est étroit, égoïste, inintelligent ; c'est qu'il n'est pas organisé en vue de l'accomplissement de la loi du travail qui s'étend à tous les membres de la société ; c'est qu'il cache dans les vices de sa constitution des révolutions imminentes, consacrées par le droit naturel qu'ont tous les hommes de vivre en travaillant.

Pour que le crédit s'offre efficacement à tous les travailleurs, il faut que tous les travailleurs, de leur côté, s'offrent à lui avec des garanties convenables. Il n'est pas nécessaire que ces garanties soient de l'or, ou une richesse matérielle quelconque ; il faut et il suffit qu'ils présentent, par leurs lumières et leur moralité, des chances solides de succès dans les entreprises auxquelles leur travail est consacré. Une des causes principales qui empêchaient les travailleurs d'offrir au crédit les garanties nécessaires, c'est l'isolement dans lequel ils sont placés. Tel possède la pensée sans les bras, tel autre les bras sans la pensée, tel autre encore n'a qu'une volonté chancelante, que l'ennui de la solitude flétrit, décourage, et que le concours des autres hommes aurait affermie et consolée. La loi du crédit déterminée par la loi du travail détermine à son tour la loi de l'association. Point de crédit, point de travail ; point d'association des travailleurs, point de crédit. A un crédit partiel correspond un travail partiel, un travail morcelé, individuel. Un travail universel appelle un crédit universel. Un crédit universel appelle le principe universel de l'association entre les travailleurs.

La loi universelle combinée du travail, du crédit, de l'association ne peut être accomplie dans sa vérité, dans sa fécondité, sans la fonction générale, centralisante et dirigeante que l'Etat remplit au sein de la société. L'Etat est l'autorité qui représente les intérêts généraux, les définit par des lois, éclaire les citoyens sur leurs devoirs et leurs droits réciproques, et coordonne dans l'unité d'une même fin et d'une même destinée toutes les forces individuelles. L'Etat est seul en mesure, par sa position et par son autorité, d'asseoir le crédit sur sa véritable base. L'idéal d'une société bien organisée sous le rapport du crédit, serait celle où, tous les capitaux étant solidairement unis, et tous les travailleurs de leur côté étant aussi solidaires les uns des autres, la totalité des capitaux serait garantie par la totalité des travaux accomplis. L'intérêt du capital collectif est évidemment que la plus grande somme possible de travaux utiles soit exécutée. Le profit du capital ne provenant que des bénéfices réalisés par le travail, la plus parfaite solidarité régnerait entre le capital et le travail collectif. L'Etat serait leur suprême garantie et l'unité naturelle à laquelle se rallieraient les deux grandes classes d'intérêts entre lesquelles se partage le peuple. Jusqu'ici on n'a senti la nécessité des gouvernements que parce qu'on sentait la nécessité d'une force qui réprimât le mal. Les gouvernements n'étaient acceptés qu'à titre de police criminelle et de gendarmerie sociale. Sous le règne de la démocratie, l'Etat doit être aimé et béni pour le bien que seul il peut faire; il a droit aux hommages et à la reconnaissance des citoyens pour la fonction vivifiante qu'il remplit, pour l'harmonie qu'il maintient entre toutes les forces de la société.

LE FRANC,
Professeur de philosophie au Lycée National
de Bordeaux.

Bordeaux. — Imprimerie d'Emile CRUGY, rue et hôtel St-Siméon, 16.

www.ingramcontent.com/pod-product-compliance
Ingram Content Group UK Ltd.
Pitfield, Milton Keynes, MK11 3LW, UK
UKHW012313240726
13966UKWH00005B/1857